I0606003

Translation by Ana Izquierdo/Arlette de Alba

Customer Service: 1-877-277-9441 or CustomerService@PhoenixInternational.com

Published by PI Kids, an imprint of Phoenix International Publications, Inc.

8501 West Higgins Road	34 Seymour Street	Heimhuder Straße 81
Chicago, Illinois 60631	London W1H 7JE	20148 Hamburg

PI Kids is a trademark of Phoenix International Publications, Inc., and is registered in the United States.

www.PhoenixInternational.com

Library of Congress Control Number: 2025931387

ISBN: 979-8-7654-1212-1

Alrededor del Sol

Nuestro Sistema Solar

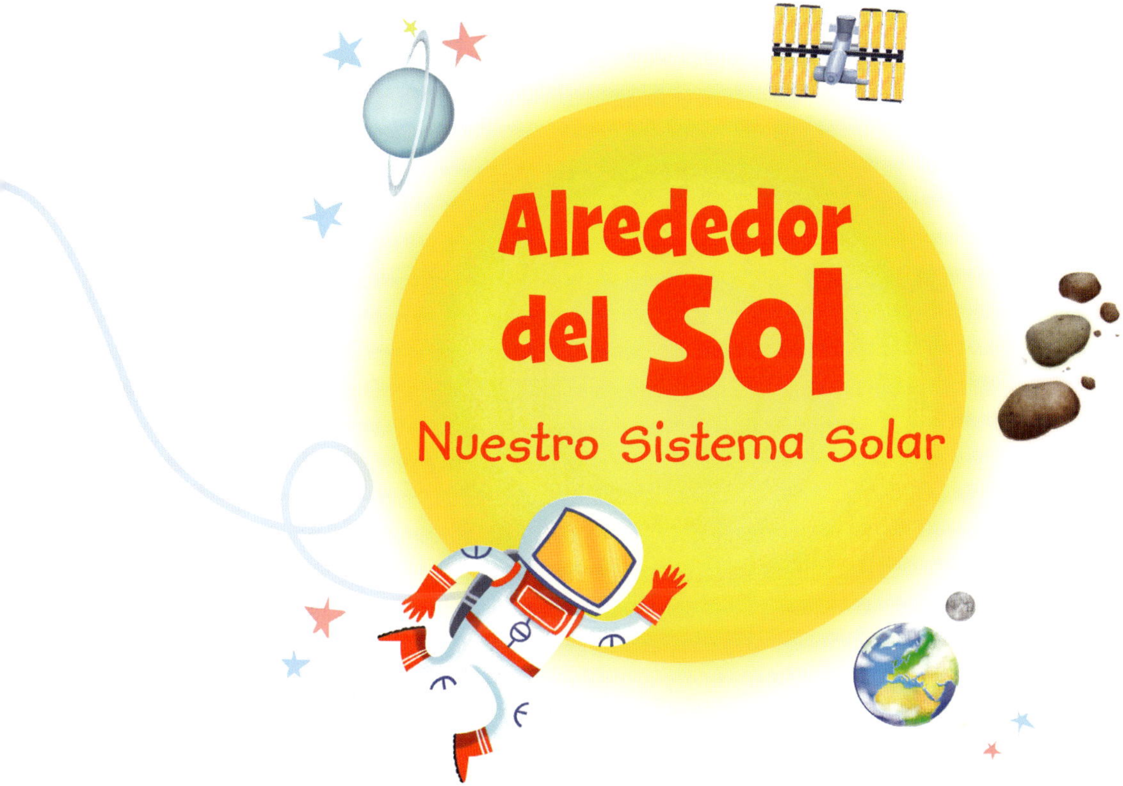

Escrito por Erin Rose Wage
Ilustrado por Amy Zhing

An imprint of PHOENIX International Publications, Inc.
Chicago • London • Hamburg • Mexico City • Sydney

Mercurio

Ocho planetas giran alrededor del Sol.

De todos, el rocoso **Mercurio** es el menor.

Venus

El planeta **Venus** es el siguiente.

¡Tiene volcanes y está muy caliente!

Tierra

El tercero es la **Tierra**, donde vives tú.
Es nuestro acogedor planeta verde y azul.

Marte

A continuación, a **Marte** hemos llegado.

Rojizo y polvoriento, ¡parece oxidado!

El cinturón de asteroides

El **cinturón de asteroides** viene después.

Está lleno de polvo y rocas, ¡algunas giran al revés!

Júpiter

¡Aunque el planeta **Júpiter** es gaseoso,
no hay otro más GRANDE y voluminoso!

Saturno

Saturno está rodeado de anillos hechos de roca y hielo de tenue brillo.

Urano

El planeta **Urano** rota de costado,

¡lleva a sus anillos en un viaje alocado!

Neptuno

El planeta **Neptuno** tiene fuertes vientos. Sus días son rápidos, pero sus años pasan muy lento.

Plutón

También hay planetas enanos, como **Plutón**,
que muchos años nos tuvo perplejos.
¡Es muy pequeño, tiene un corazón
y se encuentra muy lejos!